NOUVELLE MÉTHODE ÉCLECTIQUE

DE STÉNOGRAPHIE

PAR

Hte LÉCHOPIÉ.

PRIX : 2 FRANCS.

A PARIS,

CHEZ AMABLE RIGAUD, LIBRAIRE,

Rue Sainte-Anne, 50.

1860.

NOUVELLE MÉTHODE ÉCLECTIQUE

DE STÉNOGRAPHIE

AVEC LAQUELLE

On peut réellement apprendre soi-même et en très-peu de temps

LES COURTS PRINCIPES DE CET ART,

PAR H^{te} LÉCHOPIÉ.

OUVRAGE DESTINÉ

AUX AVOCATS, AUX GREFFIERS, AUX JOURNALISTES,

AUX PERSONNES QUI SUIVENT DES COURS PUBLICS,

Et à tous ceux, en un mot, qui, par économie de temps et par état, ont besoin d'écrire aussi vîte qu'on parle.

Currant verba licet, manus est velocior illis;
Nondùm lingua, suum dextra peregit opus.

(MARTIAL, Apophor., lib. XIV).

Les paroles peuvent courir, la main est plus rapide qu'elles;
A peine la langue a-t-elle achevé, que la plume a accompli son œuvre

Abréger les travaux, c'est prolonger la vie.

(PLANTIER).

A PARIS,

CHEZ AMABLE RIGAUD, LIBRAIRE,

Rue Sainte-Anne, 50.

1860.

PLAN ET DIVISIONS DE L'OUVRAGE.

AVANT-PROPOS.

A l'époque où les fonctions que j'occupais alors me faisaient sentir la nécessité d'une écriture plus rapide que celle usuelle, j'entrepris l'étude de la sténographie ; mais une courte pratique me fit bientôt reconnaître l'imperfection et l'insuffisance des éléments des divers systèmes qui me passèrent sous les yeux. Peu satisfait des résultats obtenus quant à la rapidité d'exécution qui laissait encore beaucoup à désirer, comprenant, d'un autre côté, toute l'utilité de cet art, si, surtout, il pouvait réellement offrir des moyens graphiques qui permissent d'écrire aussi vite qu'on parle, je me créai, au moyen de nouvelles combinaisons des éléments connus, un système abréviateur basé sur des règles fixes, invariables. C'est ce système que, sous le titre de *Nouvelle Méthode éclectique de sténographie*, je viens aujourd'hui, cédant à des instances amicales, soumettre à l'examen, à l'expérience et au jugement des personnes studieuses, qui sentent le besoin d'une écriture rapide.

Cette courte méthode qui, dans le principe, n'a été conçue ni écrite pour le grand jour de la publicité, mais bien pour mon utilité personnelle, et qui est composée d'éléments et de règles que je me suis efforcé de développer le plus clairement et surtout le plus brièvement possible pour ne pas fatiguer l'attention et la bonne disposition de mes lecteurs désireux de savoir et qui, peut-être, avant d'ouvrir ce traité, ont déjà une certaine prévention contre l'aridité du sujet, fortifiée d'ailleurs par le peu de ré-

sultats satisfaisants obtenus jusqu'à ce jour, n'est pas une création
entièrement nouvelle, mais tout uniment une modification, une
simplification des systèmes connus.

J'ai puisé dans toutes les productions précédentes, je me plais
à le déclarer ici en toute humilité, tout ce qui m'a semblé utile,
et, par conséquent, devoir être conservé, laissant de côté toute
cette multitude prolixe de signes et de règles plus ou moins arbi-
traires, plus ou moins contradictoires, qui, loin de faciliter l'é-
tude et de donner plus de rapidité à l'écriture, ne font que surcharger sans fruit la mémoire et paralyser les efforts de ceux qui, mus
par le désir de savoir, tentent d'entrer dans le dédale inextri-
cable des différents systèmes que, je le répète, je n'ai fait que
modifier, combiner et fondre en un seul qui, s'il n'atteint pas non
plus lui-même la dernière limite du possible, a, du moins, je le
pense, l'avantage sur les autres d'avoir fait quelques pas de plus
vers le but que chacun de ceux qui ont traité ce sujet s'était proposé et que nul, malgré tous ses efforts, n'a pu atteindre jusqu'ici,
une plus grande célérité graphique que je m'étais aussi proposée et
que je crois être parvenu à obtenir tant par la réduction du
nombre, la simplification et la combinaison des signes que j'ai
adoptés comme base de mon système, que par la clarté et la
brièveté de la définition.

Bien qu'en publiant ce traité, je n'aie nullement eu la pensée
de rechercher des éloges qu'il ne mérite certainement pas, je
serai heureux cependant de voir qu'il remplit son but d'utilité et
qu'il est accueilli par mes lecteurs avec l'indulgence dont il a grand
besoin ; ce bienveillant accueil sera alors pour moi, inhabile dans
l'art d'écrire, en même temps que la plus douce récompense de
mon travail, une preuve que j'ai fait une chose utile à la propagation et à la popularisation si désirables du bel art de la sténographie : tel a, du reste, été mon unique but.

NOTICE HISTORIQUE

SUR LA STÉNOGRAPHIE.

La parole, ce don si précieux dont le créateur a doté l'homme et qui en a fait le premier de tous les êtres intelligents, la parole, dis-je, si fugitive de sa nature et si susceptible de s'altérer par la transmission, a, dès les premiers âges du monde, fait sentir à l'homme le besoin de la fixer en lui donnant une forme matérielle qui, seule, pût la préserver de sa fugacité naturelle et en faire de cette manière un des plus grands moyens de la civilisation, en créant en un mot l'*écriture* qui ne consista d'abord qu'en un tracé grossier et souvent même grotesque de la forme des objets dont on voulut conserver et transmettre le souvenir. Ce ne fut que très-longtemps après que l'on arriva à fixer les sons vocaux au moyen de caractères particuliers.

La civilisation marchant toujours, cette primitive écriture devenait insuffisante et surtout trop peu expéditive pour suivre la rapidité de la parole; on sentit alors la nouvelle nécessité d'une écriture plus rapide qui permît de fixer invariablement les allocutions, les discours populaires en suivant la parole de l'orateur. Ce n'est qu'après beaucoup de tentatives, d'essais successifs, que l'on y parvint à peu près, que l'on inventa enfin l'art des abréviations graphiques auquel on donna plus tard, après de nombreuses modifications et à cause de sa nature même, par rapport à l'écriture ordinaire, le nom de *Sténographie, écriture resserrée, abrégée.*

Cette invention de la sténographie est tellement ancienne, qu'elle se perd dans la nuit des temps ; on ne saurait précisément quelle date lui assigner, ni dire quel fut son premier berceau.

Les prêtres de l'antiquité donnèrent la première idée de l'art abréviateur par l'usage qu'ils faisaient d'une écriture secrète qui, quoique très-rapide, n'avait cependant aucun rapport avec la sténographie actuelle ; cet ancien usage d'une écriture de ce genre témoigne du besoin que l'on a eu de tout temps de suivre la parole en écrivant.

Les Grecs se servirent aussi d'une écriture abréviative connue sous le nom de *Séméiographie (écriture par signes)*, dans la pratique de laquelle ils étaient très-habiles. C'est au moyen de la séméiographie que Xénophon, que l'élégance de son style fit surnommer l'*Abeille attique*, recueillit quelques-unes des leçons de Socrate qui ont pu ainsi parvenir jusqu'à nous.

De la Grèce, l'art abréviateur passa en Italie où, lorsqu'on ne se servait pas encore des *notes*, ceux qui, chez les Romains, étaient chargés de recueillir les discours au Sénat n'employaient que la lettre initiale des mots ; ce qu'on appela depuis à Rome *sigla* (sigles) qui y furent longtemps en grand usage.

Plus tard l'art abréviateur, par suite des méthodes nouvelles qui se succédèrent, devint à Rome fort cultivé et honoré même par les grands, qui ne dédaignaient pas d'en faire l'objet d'une étude assidue et approfondie ; plusieurs même y devinrent très-habiles. Sous le consulat de l'orateur latin Cicéron, Tiron, un des affranchis de ce consul, fut le plus célèbre des notaires ou sténographes romains : il recueillit mot à mot la harangue que Caton prononça contre César et que Salluste a insérée dans son histoire de Catilina.

Perfectionnée, la méthode de Tiron, très-imparfaite dans l'origine, ne tarda pas à se propager rapidement. Jules César, Auguste, Mécène, Varron, Vespasien, Titus et une foule d'autres personnages célèbres y excellaient et prenaient plaisir à défier en vitesse les notaires les plus exercés. Il n'en fallut pas davantage pour que, encouragé d'ailleurs par tout ce qu'il y avait alors de plus illustre à Rome, cet art se répandît promptement dans toutes les classes de la société où il était devenu une sorte d'écriture courante dont chacun avait la clef. En peu d'années, Rome, sous le règne d'Auguste, compta environ 300 écoles, où l'on enseignait les *notes tironiennes*, ainsi appelées du nom de l'affranchi Tiron, bien qu'il n'en ait pas été l'inventeur, mais qu'il paraît avoir empruntées au système grec de Xénophon.

Tout ce que Rome avait alors d'hommes célèbres par leurs talents ou leurs fonctions avait des secrétaires sténographes qui, après s'être appelés chez les Grecs ταχεογραφοι (*tachéographes*, écrivains rapides), s'appelaient chez les Romains d'abord *cursores* (coureurs), sans doute à cause de la rapidité de leur écriture, et, plus tard, *notarii* (notaires), en raison des notes qu'ils étaient chargés de prendre. Pline le Jeune avait constamment avec lui des notaires qui l'assistaient dans ses travaux, et se faisait toujours accompagner en voyage d'un secrétaire sténographe (*cursor*), capable de suivre la parole en écrivant.

Parmi les renseignements qui nous ont été transmis sur les différents systèmes d'écriture abréviative en usage chez les Romains, aucun historien ne nous a donné de notions précises sur les signes dont ils se servaient. Suivant Paul Diacre, on doit attribuer à Ennius les onze cents premiers caractères que Tiron ne fit qu'étendre et perfectionner : chacun de ces signes exprimait une syllabe ou plutôt un mot tout entier.

Sénèque le Rhéteur et saint Cyprien dans la suite s'appliquèrent à perfectionner encore le système de Tiron, dont le nombre des mots fut successivement porté à cinq mille par le premier et à huit mille par le second.

Plutarque attribue à Cicéron l'art d'écrire en signes abréviatifs et d'exprimer plusieurs mots par quelques traits seulement.

Après avoir fait partie de l'éducation, aux beaux jours de Rome, la sténographie disparut avec la décadence des lettres et passa dans les temples chrétiens où le christianisme s'en servit comme élément pour la propagation de la foi naissante. C'est à l'art abréviateur des notaires que l'on doit les actes des Martyrs, les improvisations d'Origène, les ouvrages de saint Jérôme qui n'avait pas moins de dix secrétaires-notaires, dont quatre pour recueillir ses idées et six pour les traduire en écriture usuelle ; on nommait ces derniers *librarii,* (*libraires,* c'est-à-dire *faiseurs de livres*); et enfin les ouvrages de saint Augustin, qui avait huit sténographes qui se relayaient de deux en deux, afin que rien ne fut omis ou altéré. Saint Jean Chrysostome se servait aussi habituellement de sténographes dans ses travaux.

Vers la fin du dixième siècle, au milieu de la profonde ignorance dans laquelle la société du moyen âge se trouvait plongée, l'usage de la sténographie disparut complétement pour ne reparaître qu'au seizième siècle où plusieurs savants, parmi lesquels, Porta, Sélenus, Leibnitz et autres firent aussi de vains essais d'une écriture qui permît de suivre la parole.

L'Angleterre servit de second berceau à l'art sténographique dont le plus ancien traité est présumé être celui du docteur Bright, publié vers 1588, qui semblerait indiquer l'époque où cet art prit naissance en ce pays qui sut l'apprécier, et ouvrit, pour l'encourager et le propager, des cours publics dans ses universités. De nombreuses et différentes méthodes, plus ou moins heureuses, et qui se réduisirent à deux, celle de Macauley et celle de Weston, qui donnèrent enfin, dit-on, le moyen de suivre la parole de l'orateur le plus volubile, se succédèrent rapidement et contribuèrent, plus ou moins, à nous doter d'une écriture bien supérieure à celle des Romains.

Le premier ouvrage qui ait été publié en France sur la sténographie est celui de l'abbé Cossard, bachelier en théologie, sous le règne de Louis XIII, en 1651 ; il a pour titre : *Méthode pour escrire aussi vite qu'on parle;* son alphabet se compose de 22 signes : 6 voyelles et 16 consonnes. Parurent ensuite et successivement une multitude d'autres ouvrages parmi lesquels je citerai ceux de Ramsay, en 1678-1681 ; ayant pour titre : *Ta-chéographie ou l'art d'écrire aussi vite qu'on parle*, son alphabet se compose aussi de 22 signes : 6 voyelles et 16 consonnes.

Coulon Thévenot, en 1778-1788, intitulé : *Tachygraphie ou l'art d'écrire aussi vite qu'on parle*, ayant un alphabet composé de 35 signes : 16 voyelles simples et composées et 19 consonnes, y compris les composés *gn, ch* et *ll* mouillées. Ce système, plus remarquable que les précédents, a néanmoins le défaut de n'être pas assez rapide et ne remplit pas le but que l'auteur s'était proposé.

Samuel Taylor (Londres), en 1786 : *Système universel et complet de sténographie ou manière abrégée d'écrire, applicable à tous les idiomes et adapté à la langue française*, par Bertin, en 1792-1803, donnant un alphabet de 16 signes consonnes seulement avec addition de 9 autres signes comme monosyllabes et terminaisons. Suppression des voyelles médianes. Système qui étonna par sa simplicité et sa rapidité, et eut la vogue la plus méritée et la plus soutenue. Cette méthode et le nom de l'auteur justement appréciés furent bien vite répandus chez les autres nations qui ne tardèrent pas, ainsi que Bertin pour la langue française, à faire l'application de ce système à leur langue. En supprimant les voyelles médianes et par la simplicité de sa méthode, Taylor obtint une rapidité graphique double de celle que jusque-là on avait pu atteindre ; aussi ses leçons furent-elles très-suivies par la jeunessse des universités du Royaume-Uni. Quoi qu'il en soit, l'art abréviateur auquel Taylor, il faut le reconnaître, venait de faire faire un si grand pas, était loin encore de sa perfection : la simplification adoptée par ce système est certainement admirable quant à la rapidité d'exécution, mais elle présente, d'un autre côté, cette grande difficulté, qui a arrêté l'essor de la propagation universelle de cette remarquable méthode, de se rendre compte des mots ainsi sténographiés.

Briggett, en 1800 : *Écriture tachygraphique et cryptogra-phique*, consistant dans la décomposition de tous les mots poly-syllabiques en deux parties, la première composant la racine, et la seconde la désinence ou terminaison de ces mots; la réunion sous un seul et même groupe de toutes les racines semblables désignées en chiffres par le même nombre : mêmes réunion et désignation des désinences, de manière qu'on peut figurer tous les mots polysyllabiques au moyen de deux nombres dont l'un, impair, désigne la racine, et l'autre pair, la désinence, etc.

Luc, en 1809, *Phonographie*. Il n'a point de signes particuliers pour son alphabet, qui ne se compose simplement que de la partie la plus caractéristique de chacune des lettres de l'alphabet usuel; il comprend 11 voyelles, 18 consonnes simples et 4 consonnes mouillées : *gne, ill, che, gue;* en tout, 33 caractères.

Boisduval et Lecoq, en 1826 : *Tacholographie enseignée en cinq leçons ou nouvelle méthode d'écrire aussi vite que la parole en n'employant que les lettres de l'alphabet ordinaire.* L'alphabet de cette méthode se compose, comme l'indique le titre de ce traité, des lettres de l'écriture usuelle, à l'exception toutefois de voyelles qui ne s'expriment point. Voici en quoi consiste ce système qui appartient à la classe peu nombreuse nommée sténographie de position : on prend du papier à portées comme pour écrire la musique; chacune des cinq lignes composant chaque portée représente les voyelles : la première ligne du haut donne *a*, la seconde ligne *i*, la troisième *e*, et ainsi de suite. Il en résulte que, pour écrire un mot composé de consonnes et de voyelles, on n'a simplement qu'à écrire chaque consonne sur la ligne qui représente la voyelle qui suit cette même consonne, pour que celle-ci soit toujours considérée comme suivie de la voyelle que la ligne suscrite représente.

Conen de Prépéan, en 1833: *Sténographie ou l'art d'écrire aussi vite que parle un orateur, plus rapide et plus lisible qu'aucune des méthodes connues,* avec un alphabet composé de 37 signes : 25 voyelles et 12 consonnes ; méthode d'une grande clarté et d'une lisibilité facile, il est vrai, mais incapable de lutter de vitesse avec la parole.

Desmanest, en 1827 : *Phonographie sténographique*, donnant un alphabet de 23 signes : 17 consonnes et 6 voyelles.

Prévost, en 1828 : *Nouveau système de sténographie ou art d'écrire aussi vite que l'on parle*, avec un alphabet composé de 22 signes : 17 consonnes et 5 voyelles. Suppression des voyelles médianes. La clarté, la rapidité et la lisibilité de ce système surpassent en prestesse tous les précédents systèmes.

Fossé, en 1829 : *Cours théorique et pratique de sténographie*, avec un alphabet semblable à celui de Taylor-Bertin auquel l'auteur a ajouté trois lettres qui sont : le *j*, le *v*, le *z*, les deux *ll* mouillées et le composé *gn*.

Cadrès-Marmet : en 1830, *La Sténographie simplifiée ou l'art d'écrire aussi vite que l'on parle, réduit à ses plus simples principes*, donnant un alphabet composé de 30 signes : 19 consonnes et 11 voyelles.

Astier, en 1831 : *Nouvelle Sténographie, d'un cinquième plus expéditive que le plus abrégé des procédés connus*, et en 1838 : *Sténographie rationnelle*. L'alphabet donné définitivement (1838) par l'auteur se compose de 31 signes : 20 consonnes et 11 voyelles tant naturelles que nasales, y compris deux diphthongues ; les consonnes s'écrivant sur une même ligne, et les voyelles sur trois portées.

Barbier, en 1830 : *Tachygraphie typographique ;* avec alphabet de 30 signes : 12 voyelles, 6 simples et 6 composées, et 18 consonnes.

Painparé et Lupin, en 1832 : *Typophonie ou art d'écrire et d'imprimer en nouveaux caractères abrégeant de deux tiers l'écriture et les livres*, et donnant 60 signes : 20 consonnes tant simples que composées, 20 consonnes doubles et 20 voyelles tant simples que composées et nasales.

Fayet, en 1832 : *Nouvelle écriture et sténographie*, donnant un alphabet de 53 signes : 38 consonnes, 20 simples et 18 doubles, et 15 voyelles tant simples que doubles et nasales.

Chauvin, en 1836 : *Nouveau système de sténographie*, avec alphabet de 29 signes : 11 voyelles, dont 5 simples et 6 dérivées, et 18 consonnes tant simples que doubles ou composées.

Boutin, en 1840 : *Leçons de sténographie d'un précepteur à son élève, à l'usage des colléges et des maisons d'éducation*, offrant un alphabet composé de 16 signes : 7 voyelles et 9 consonnes.

Sénocq, en 1842 : *Système de sténographie ou art d'écrire aussi vite que l'on parle*, donnant un alphabet de 33 signes : 15 voyelles et 18 consonnes, toutes écrites sur trois corps ou portées différentes.

Gossart, en 1842 : *Traité élémentaire de Sténographie au moyen de laquelle on peut apprendre seul et en peu de temps à écrire avec la rapidité de la parole*, présentant un alphabet composé de 40 signes : 12 voyelles et 4 diphthongues, et 24 consonnes, ayant pour figures, les voyelles, des courbes, et les consonnes, des droites avec ou sans boucle.

Plantier, en 1845-1846 : *Nouvelle Sténographie universelle, sans maître, en 10 leçons*, comprenant un alphabet de 30 signes sans distinction séparée des voyelles et des consonnes et y compris les trois syllabes *lan*, *ran*, *con*, et les deux composés *gn* et *ch*.

Tondeur, en 1849-1857 : *Méthode éclectique de Sténographie*, applicable à toutes les langues; à l'aide de laquelle on peut, en quelques heures, seul et sans maître, posséder les éléments de cet art; donnant un alphabet composé de 16 caractères seulement et supprimant entièrement les voyelles.

Scott de Martinville, en 1849 : *Histoire de la Sténographie depuis les temps anciens jusqu'à nos jours, suivie du programme d'une sténographie en caractères usuels*. A la fin de cet excellent précis historique et critique, au mérite duquel je m'empresse de rendre l'hommage qui lui est si bien dù, et dans lequel particulièrement j'ai puisé, je le répète encore, beaucoup d'indications et d'éléments qui m'ont très-utilement servi pour la composition de mon ouvrage, **M. Scott de Martinville** propose un programme d'écriture abréviative, basée sur les principes de la formation des langues ; cette écriture doit être principalement phonétique et monogrammatique. L'auteur propose de ramener tous les mots polysyllabiques à deux éléments, une *racine* et une *désinence*. On ramènerait chaque racine et chaque désinence à leur plus simple expression graphique, afin de réduire le tracé du signe monogrammatique : deux signes plus ou moins composés représenteraient donc tous les polysyllabes, quelle que soit leur étendue. Les règles particulières, les modes spéciaux d'abréviation formeraient la grammaire de cette écriture dont l'alphabet proposé, ayant pour point de départ le genre d'écriture nommé *ronde*, ne serait composé que des lettres usuelles indispensables, mais altérées, réduites de forme, et au nombre seulement de **21** ; les lettres *h*, *k*, *x* et *y* étant supprimées comme n'étant pas indispensables.

Beaucoup d'autres systèmes que je n'ai pas jugé utile de citer ici, adoptant différents titres, sont aussi venus successivement avec la prétention de réformer ou modifier ceux qui les ont précédés ; mais leur étude et leur pratique font de suite voir combien encore ils sont eux-mêmes imparfaits.

Tous les auteurs qui ont traité ce sujet ont-ils atteint le but, les dernières limites de l'art abréviateur ? Non, je ne le crois pas. La sténographie n'a pas dit son dernier mot, et c'est ce à quoi il s'agit de la faire arriver. Car il est évident que cette science popularisée doit nécessairement, à une époque de progrès comme la nôtre, où les événements et les sciences marchent avec une telle rapidité, faire partie, dans un temps non éloigné, de toute bonne éducation et devenir de première utilité dans toutes les classes de la société moderne. Pour que la propagation si désirable de cet art puisse avoir lieu, il faut d'abord le mettre à la portée de toutes les intelligences, de manière à ce qu'il puisse être appris en très-peu de temps et même, au besoin, sans le secours d'aucun maître : c'est là le vœu que je forme pour l'avenir ; et c'est ce que je crois avoir fait en reduisant le nombre des signes et en simplifiant et fixant invariablement les règles de la *Méthode éclectique* que je propose et soumets à l'expérience de la pratique.

MÉTHODE.

DÉFINITION PRÉLIMINAIRE DE LA STÉNOGRAPHIE.

Le mot *sténographie* est composé de deux mots grecs réunis, *sténos* qui signifie *resserré*, *abrégé*, et *graphé*, *écriture* : la sténographie est donc une *écriture abrégée* qui permet, dans de certaines conditions, de suivre la parole au moyen toutefois d'une série de signes particuliers, conventionnels, réduits à leur plus simple expression, formant un alphabet qui comprend, comme celui de l'écriture ordinaire, les voyelles et les consonnes. Chacun de ces signes sténographiques, simple ou composé, représente une voix, un son.

Le cercle et le triangle, par leurs divisions respectives, sont les principaux éléments de toute sténographie ; la boucle, le crochet et le point en sont les éléments secondaires.

CHAPITRE Ier.

ALPHABET.

Nombre, Racines et Composition des Signes sténographiques.

L'alphabet usuel se compose, comme on le sait, de vingt-cinq lettres. L'alphabet sténographique ne se compose que de treize signes suffisants pour exprimer les vingt-cinq lettres usuelles et qui sont formés par la ligne courbe et la ligne droite horizontale, verticale et oblique, avec ou sans boucle et crochet, Ces deux différentes lignes ont pour racine, la ligne courbe, le cercle, pour les voyelles au nombre de cinq, et la ligne droite, le triangle et son fil-à-plomb ou la verticale, pour les consonnes au nombre réduit de huit. A ces signes radicaux, il faut en ajouter deux autres supplémentaires, la boucle et le crochet, qu'en raison de leur fonction je nomme signes-modificateurs et qui sont adhérents à certains des radicaux dont ils font partie intégrante et changent la signification selon leur position. Il est bon de bien faire remarquer que ces signes-modificateurs doivent toujours précéder avec adhérence le signe représentant la lettre usuelle que l'on veut exprimer et dont ils sont en quelque sorte l'initiale.

Ainsi donc, le cercle est la racine des lettres ou voyelles usuelles a, e, i, o, u et y avec addition de la boucle devant le signe représentant la lettre e; et le triangle, la racine des lettres ou consonnes usuelles b, c, d, f, g, j, k, l, m, n, p, q, r, s, t, v, x, z, avec addition du crochet devant les signes représentant les les lettres f, s, v, x, z et le composé ch.

CHAPITRE II.

DÉCOMPOSITION ET APPLICATION ANALYTIQUES DU CERCLE ET DU TRIANGLE.

§ 1er.

Du Cercle.

Le cercle (*fig. 1 de la planche*), séparé en deux parties égales par une ligne droite horizontale (*fig. 2*), donne deux demi-cercles (*fig. 3*), exprimant, celui supérieur (*fig. 4*) la lettre a, et celui inférieur (*fig. 5*) la lettre u; coupé aussi en deux parties égales par une ligne verticale (*fig. 6*), le cercle donne deux autres demi-cercles

(*fig.* 7), représentant, celui de gauche (*fig.* 8), la lettre *o*, le
même bouclé par le haut (*fig.* 9), la lettre *e*, et celui de
droite (*fig.* 10), les deux lettres *i* et *y* qui n'ont qu'un seul et
même son.

Cette décomposition du cercle donne donc, ainsi qu'on vient
de le voir, cinq signes différents représentant les cinq voyelles
usuelles.

§ 2.

Du Triangle.

Le triangle (*fig.* 11), divisé au point d'intersection de ses
trois côtés (*fig.* 12), donne les trois lignes droites horizontale
(*fig.* 13) et obliques en sens opposé (*fig.* 14), servant, ainsi que
celle verticale (*fig.* 15) indiquée par le fil-à-plomb du triangle,
à représenter tous les signes dérivant de cette racine. Ainsi l'o-
blique de gauche, tracée du haut en bas (*fig.* 16), représente
les lettres similaires usuelles *b*, *p*, collectivement à cause de leur
grande analogie comme labiales ; la même, mais tracée de bas en
haut et de gauche à droite (*fig.* 17), les similaires usuelles *d*, *t*,
collectivement aussi à cause de leur grande analogie comme dentales ; la même encore, tracée dans le même sens, mais précédée
par bas du crochet initial et adhérent (*fig.* 18), les similaires *s*,
c, *x*, *z*, collectivement aussi à cause de leur grande analogie
comme sifflantes ; l'oblique de droite, tracée du haut en bas et
de gauche à droite (*fig.* 19) représente les similaires *c* dur, *g*,
k, *q*, collectivement encore à cause de leur grande analogie
comme gutturales ; la même, tracée de même, mais précédée du
crochet initial et adhérent par le haut (*fi.* 20), exprime les similaires *f*, *v*, collectivement toujours à cause de leur grande
analogie comme soufflantes ; l'horizontale, tracée de gauche à
droite (*fig.* 21), désigne les similaires *m*, *n*, collectivement encore à cause de leur analogie comme nasales ; et enfin la verticale, tracée du haut en bas (*fig.* 22), figure les similaires *l*, *r*,

collectivement de même à cause de leur analogie comme linguales ou liquides. Le composé *ch*, est représenté par l'oblique de
droite, tracée du haut en bas et de gauche à droite, et précédée
du crochet initial adhérent en tête, mais en dessous (*fig.* 23).

Cette décomposition du triangle avec son fil-à-plomb (la verticale) donne donc huit signes différents, représentant les dix-neuf
consonnes usuelles et le composé *ch*.

L'analyse qui précède et compose le présent chapitre Ier fait
clairement voir que treize signes sténographiques seulement suffisent pour exprimer les vingt-cinq lettres de l'alphabet usuel.
Quant au signe représentant la lettre usuelle *e*, on verra dans le
chapitre suivant qu'il ne s'exprime jamais que comme initial
d'un mot.

CHAPITRE III.

DES VOYELLES.

Les voyelles *a, e, i, o, u, y* sont, suivant l'analyse qui précède, figurées par cinq signes sténographiques seulement, tant
pour les voyelles simples que pour les voyelles composées ou
nasales, ainsi qu'on le voit par le tableau portant le n° 24 de la
planche où l'*i* et l'*y*, considérés comme une seule et même
voyelle, en raison de leur même consonnance, sont représentés
par le même signe. La voyelle nasale *en* n'y figure point par la
raison qu'elle ne s'exprime jamais que par le signe-consonne qui
précède la voyelle simple *e*, et le signe de la consonne nasale *n*
qui la suit.

Ces cinq signes-voyelles s'expriment phonétiquement selon la
prononciation usuelle qu'ils conservent.

Le signe représentant l'*e* ne s'exprime jamais que lorsqu'il se
trouve placé au commencement d'un mot, et il prend alors, ainsi
que cela est indiqué au tableau n° 24 par les accents dont
cette lettre est surmontée, soit le son fermé ou aigu comme, par

exemple, dans le mot *élancé*, soit le son ouvert ou grave comme dans les mots *mène*, *pêche*, selon le sens du mot dont cette voyelle sera l'initiale et qui suffira seul au traducteur-sténographe, quand il aura acquis par la pratique une certaine habileté, pour savoir quel sera celui de ces deux sons, aigu ou grave, que cette voyelle devra rendre. Le son muet de cette voyelle, qui ne s'exprime jamais, représente également et toujours le son de la diphthongue *eu*, que, par extension, j'assimile au son muet simple, que cette diphthongue soit au commencement, au milieu ou à la fin d'un mot : la pratique ne permettra jamais d'hésiter à faire la juste application de ces trois différents sons de la voyelle *e* et de la diphthongue *eu* considérée comme *e* muet.

A l'exception du cas précédent, la voyelle *e*, qu'elle représente le son de la diphthongue *eu* ou ceux muet, aigu ou grave, ne s'exprime jamais, je le répète, en sténographie, dans le corps d'un mot; dans ces différents cas, elle s'élide ou, pour mieux dire, se confond avec la consonne qui la précède et la remplace par son expression particulière, et alors cette consonne, qui tient sa place propre et celle de la voyelle élidée, se prononce avec le son indiqué par le sens du mot qu'elle concourt à composer : ainsi, par exemple, dans le mot *amène*, les deux *e* se suppriment, s'élident et sont représentés seulement, l'*è* ouvert, par la consonne *m*, qui alors, au lieu de conserver son expression naturelle muette *me*, se prononce *mè*; et l'*e* muet final, par la consonne *n* qui conserve son expression naturelle muette *ne*; et dans le mot *amené*, l'*é* muet est représenté par la consonne *m* qui garde le son naturel *me* et l'*é* fermé ou aigu final, l'est par la consonne *n* qui alors, au lieu d'avoir son expression naturelle *ne*, s'exprime par le son aigu *né*; il en est de même pour le mot *heureux*, par exemple, où la deuxième diphthongue *eux* a, ainsi qu'il a déjà été dit, le son de l'*e* muet, et qui est représentée par la consonne *r* qui conserve sa prononciation naturelle *re*.

Lorsque les signes-voyelles que, dans ce cas, j'appelle signes simples, sont figurés par un trait délié, fin, ils expriment le son naturel des simples voyelles usuelles ; mais lorsqu'ils sont représentés par un trait plein, renforcé, je les nomme signes renforcés et ils désignent alors les expressions nasales, *an*, *in*, *on* et *un*, voyelles composées usuelles.

Par abréviation et en raison de leur similitude *phonique*, comme on l'a déjà vu par le tableau n° 24, les deux voyelles *i* et *y* sont considérées comme une seule et même voyelle et représentées, par conséquent, par le même signe de la 3e colonne. Le signe simple de la 5e colonne représentant la voyelle *u* aura toujours aussi, par extension, la signification *ou* : le sens général de la phrase et du mot combinés déterminera de suite et sans pouvoir donner lieu à aucune ambiguïté, l'une ou l'autre de ces deux significations ; le tout, ainsi qu'on le voit dans le tableau des voyelles n° 24.

CHAPITRE IV.

CONSONNES.

Comme je l'ai démontré aussi au chapitre II qui précède, huit signes sténographiques seulement suffisent pour représenter les dix-huit consonnes usuelles et le composé *ch*, savoir : sept pour les consonnes simples et un pour ce composé, et le *g* doux et le *j ;* ces signes sont ceux figurés au tableau portant le n° 25 de la planche.

On voit par ce tableau :

1° Que la consonne *h* est absolument supprimée comme étant entièrement inutile à la prononciation, qu'elle soit aspirée ou non ;

2° Et que toutes les consonnes sont divisées en huit classes ou catégories, selon les organes qui servent à articuler et à modifier chacune d'elles et l'analogie qui existe entre chacune de celles rangées dans la même classe et que, pour cette raison, on

nomme *similaires* ; ces similaires ont reçu les dénominations
suivantes : *labiales, gutturales, dentales, soufflantes, linguales,*
ou *liquides, nasales, sifflantes* et *palatales-sifflantes* ; la sixième
classe comprend collectivement les consonnes *m*, *n* et la composée
gn en raison de la conformité de leur son nasal ; la huitième
classe comprend aussi collectivement la consonne composée *ch*
et les deux consonnes simples *g* doux et *j*, attendu leur rapport
intime d'articulation sifflantes : *g* doux et *j* ne sont, à bien dire,
que le *ch* adouci ; et c'est à cause de leur mode commun d'articulation, que je leur affecte la dénomination de palatales-sifflantes.

Les similaires ainsi déterminées, elles se figurent comme on
vient de le remarquer dans le tableau des consonnes par un seul
et même signe pour chaque classe, si ce n'est que la similaire
douce est figurée par un trait fin, délié, et celle forte ou rude,
par un trait plein, renforcé, comme cela a lieu aussi pour les
voyelles nasales. Ainsi, le *b*, étant d'une prononciation plus douce
que le *p*, est figuré par le signe délié, et le *p*, par le même signe
renforcé ; il en est de même pour chacune des autres consonnes similaires. Rigoureusement, cette distinction des similaires peut très-bien ne pas être observée dans la pratique, car
l'habitude et surtout le sens général de la phrase ne permettront
jamais au sténographe habile d'hésiter un moment sur l'application de la consonne nécessaire, que son signe représentatif soit
délié ou renforcé.

Comme résumé des deux chapitres **III** et **IV** qui précèdent, je
crois utile de placer, en entier et sous le même coup d'œil, l'alphabet sténographique qui figure au tableau portant le n° **26** de
la planche.

Chaque signe initial, tracé suivant la manière indiquée plus
haut, a et doit avoir toujours pour point de départ la ligne d'é-
criture ; cette condition est de rigueur pour régulariser la direc-
tion du corps d'écriture, et pour pouvoir reconnaître les distinc-
tions dont il sera ci-après parlé concernant les signes-chiffres.

Le corps ou module de chaque signe doit être de deux millimètres à peu près ; et par exception, les signes-consonnes, servant à articuler une voyelle, doivent avoir, lors de leur liaison, une dimension moitié moindre, c'est-à-dire un millimètre seulement de hauteur, de manière à ce que ces deux signes liés n'en fassent, pour ainsi dire, qu'un seul qui exprimera la syllabe entière dont il fait partie. La même réduction de dimension a lieu aussi pour celle des voyelles d'une même syllabe dont la prononciation se fait le moins sentir.

CHAPITRE V.

LIAISON DES SIGNES.

Pour apprendre promptement à lier les signes entre eux et faire de rapides progrès en sténographie, il est indispensable et de toute nécessité de copier et recopier très-souvent et jusqu'à ce que l'ont ait acquis une certaine dextérité graphique, le tableau portant le n° **27** de la planche ; c'est le seul moyen de se familiariser avec ces signes et d'arriver en très-peu de jours à tracer facilement et avec une rapidité égale à celle d'un lecteur ou d'un orateur tous les mots d'une phrase, d'un discours.

Un simple examen de ce tableau suffit pour démontrer clairement avec quelle facilité, quelle simplicité et quelle précision s'enchaînent et se combinent les signes sténographiques; une main exercée saura en rendre la lecture aussi facile qu'elle l'est ici par la netteté et la régularité typographique des caractères : tout le talent du sténographe habile qui possède bien les courts principes de ma méthode, ne consistera plus que dans cette netteté et cette précision des traits, ainsi que dans la prestesse de la main qui s'acquerra infailliblement et en peu de temps par une pratique constante.

CHAPITRE VI.

APOCOPES (1) DES SIGNES.

L'objet de la sténographie, qu'il ne faut jamais perdre de vue un seul instant, étant d'atteindre la plus grande célérité graphique, j'ai dû m'appliquer à chercher tous les moyens d'approcher le plus près possible de ce but; j'ai donc pensé qu'en modifiant, au moyen de l'apocope, les signes bouclés et à crochet, c'est-à-dire qu'en retranchant la *dernière* partie de leur forme normale pour ne laisser que leur boucle ou crochet seulement lors de leur liaison avec certains autres signes dont la nature et la position le permettront facilement et sans nuire à la lisibilité de ces deux signes ainsi réunis, j'atteindrais à coup sûr le but que je me proposais. En effet, le tableau portant le n° 28 de la planche démontre de la manière la plus évidente que l'apocope, que j'applique, dans les cas ci-après déterminés, aux signes à crochet et bouclés liés à certains autres signes, remplit une des conditions de célérité exigées en sténographie sans aucune complication et sans nuire en quoi que ce soit à l'intelligibilité de mon système graphique. Ainsi les signes de *f*, *v*, (*fig.* 20), *c*, *s*, *x*, *z*, (*fig.* 18), *ch*, *g* doux, *j*, (*fig.* 23) et *e* (*fig.* 9), seront exprimés par le crochet ou la boucle seulement sans la ligne droite ou la courbe faisant partie intégrante de leur figure normale et qui, chaque fois que la position le permettra sans qu'il puisse en résulter d'ambiguité, se confondra alors dans le signe suivant, auquel le crochet ou la boucle sera rattaché sans aucun autre lien intermédiaire ; de sorte enfin que, comme on le verra dans le tableau n° 28 et comme il est facile de s'en rendre promptement compte par un simple coup d'œil, le signe de *f*, *v*, (*fig.* 20) par exemple, lié, au moyen de l'apocope, au signe de *a* (*fig.* 4) offre l'unique figure représentée au tableau n° 28 et a la signification :

---

(1) Mot tiré du grec, et composé de *apo*, de; *coptéin*, retrancher.

fa, *va*, il en est de même des autres signes à crochet soumis à ce système d'apocope, ainsi que du signe de l'*e* qui, lié par le même moyen au signe-consonne qui le suivra, soit celui de *b*, *p*, donne alors la signification : *eb*, *ep*.

Le caractère distinctif des signes n°ˢ 9, 18, 20 et 23, la boucle et le crochet, sera suffisamment indiqué, dans la liaison de ces signes avec celui qui les suivra, par la seule expression de ce crochet ou de cette boucle, malgré l'intime réunion par apocope des deux signes en un seul.

Quelle que soit la position imposée à un signe à crochet ou bouclé, par son assemblage avec celui qui le suit, le caractère distinctif de ce signe apocopé doit toujours être respecté, c'est-à-dire être formé selon le mode indiqué plus haut pour sa figure normale et isolée ; ainsi le signe figuré sous le n° 20 se fait toujours en commençant par le crochet ; seulement lors de son union avec le signe figuré sous le n° 4, par exemple, il prend la position horizontale appartenant à ce dernier signe et se trouve, par le fait même de cette position et par apocope, exprimer simultanément les deux signes n°ˢ 20 et 4 qui se trouvent alors n'en plus faire qu'un seul et même sous la forme figurée au tableau n° 28 qui se prononce *fa* ou *va*, selon, bien entendu, que le trait est délié ou renforcé, et ainsi des autres signes. On comprend donc de suite qu'en observant ce principe de commencer toujours par le crochet ou la boucle, la combinaison qui vient d'être indiquée sera de la plus facile exécution.

Comme je l'ai dit plus haut, le signe représentant la voyelle *e*, dans l'une ou l'autre de ses différentes acceptions phonétiques, ne s'exprimant jamais dans le corps d'un mot que quand il sert d'initiale ; ne sera jamais soumis à l'apocope que dans ce cas seulement pour l'unir au signe qui le suivra ; au milieu ou à la fin d'un mot, le signe-consonne qui le précède le remplaçant bien sous le rapport phonétique ; un seul exemple de l'acopope du signe en question et de sa liaison avec un autre suffit pour que j'aie cru pouvoir me dispenser de le faire figurer sous tous ses aspects au tableau n° **28** ; ainsi donc le signe de l'*e*, lié, comme initial et au moyen de l'apocope, au signe du *b*, par exemple, présente cette unique figure ρ.

CHAPITRE VII.

VALEUR PHONÉTIQUE DES VOYELLES ET DES CONSONNES.

Partant du principe établi et reconnu que l'écriture sténographique n'est, pour ainsi dire, que la représentation, l'empreinte, la *phonographie*, en un mot, des sons vocaux, l'assemblage, la liaison d'une voyelle et d'une consonne et *vice versâ*, outre sa valeur propre, naturelle, aura nécessairement et par extension, celle représentative de toute articulation émanant de cette même combinaison de la voyelle et de la consonne bien qu'orthographiée différemment dans l'écriture usuelle : ainsi, par exemple, de même que la seule voyelle *a*, outre sa valeur naturelle, peut aussi signifier : *â*, *as*, *at* et *az*, de même aussi la consonne *b* et la voyelle *a* réunis, outre leur valeur naturelle *ba*, auront aussi, par extension, celles composées de *bâ*, *bas*, *bat* et *baz* qui, du reste, sous le rapport phonétique, ne sont le produit que d'une seule et même articulation. Il en sera de même, bien entendu, pour la liaison particulière de toutes les autres voyelles simples avec les consonnes, ainsi que pour celle de toutes les consonnes avec les voyelles appelées nasales à cause de leur articulation avec l'addition finale de la consonne *n*.

CHAPITRE VIII.

ABRÉVIATIONS.

Pour ne pas surcharger la mémoire d'une quantité trop considérable de signes, la plupart parasites, servant, suivant chacune des méthodes qui ont précédé la mienne, à abréger la lenteur de l'écriture usuelle, j'ai dû élaguer, pour ainsi dire, tous ces signes superflus et par conséquent inutiles, selon moi, qui ne font que compliquer un système sans le rendre plus intelligible et surtout plus bref et plus rapide. La simplicité de ma méthode me dispense de tout ce fatras de prétendues abréviations qui, loin de faciliter le travail, ne tendent qu'à le rendre plus diffus, plus aride, et à faire abandonner, aussitôt qu'on l'a entreprise, l'étude jusqu'à présent si fastidieuse de l'art abréviateur.

Sans vouloir me poser en détracteur des méthodes antérieures à la mienne et au mérite desquelles je me plais, au contraire, à rendre ici hommage en déclarant y avoir puisé quelques éléments, je crois pouvoir dire en toute assurance que, déjà, par mes quelques signes réduits, comme on l'a vu aux deux tableaux des voyelles et des consonnes des chapitres 3 et 4, au plus petit nombre possible, et qui pourraient même, à la rigueur et conformément à certains systèmes, l'être encore aux consonnes seulement en supprimant les voyelles médianes, ce que toutefois je ne conseillerai qu'au sténographe très-exercé, j'arrive à la plus grande célérité qui jamais ait été atteinte jusqu'à ce jour, et que mon système seul écarte et remplace avantageusement et sans aucune complication celui des abréviations sans nombre qui paralyse les progrès de l'étudiant et nécessite des efforts de mémoire dont peu de personnes se sentent capables.

Ainsi donc les seules abréviations que je comprends et que j'admets sont : 1° L'indication des similaires par un seul et même signe, délié ou renforcé suivant la signification propre de la lettre usuelle qu'il représente ; 2° le sacrifice complet de l'orthographe usuelle, dont en sténographie on ne doit tenir aucun compte, comme étant nuisible à la rapidité de l'écriture ; 3° la suppression de toutes les syllabes, soit médianes, soit finales, telles que *bê, cê, dê, fê, gê, jê, kê, lê, mê, nê, pê, quê, rê, sê, tê, vê, xê, zê, chê*, qui, toutes, ainsi que leurs équivalents phonétiques, ne se traduisent que par le signe représentant la lettre initiale usuelle de chacune d'elles ; 4° la suppression de toutes les doubles consonnes et même de celles simples qui ne sont pas indispensables à la prononciation comme dans *sotte*, *homme*, *Homère*, *femme*, *folle*, *bonne*, *halle*, *botte*, etc., qu'on écrit sans avoir égard à l'orthographe usuelle, de la manière suivante : *sot, om, omr, fam, fol, bone, al, bot*, et dans *ils sauvent, ils mangent, ils croient*, qu'on écrira ainsi : *il sov, il mang, il croi;* 5° la suppression des terminaisons en *ant* et *ent* qui ne s'expriment dans les mots polysyllabiques seulement que par leur initiale syllabique, à laquelle on ajoute un point terminal adhérent qui indique par sa présence cette suppression ; 6° la réduction à leur racine des mots qui se prêtent facilement à cette réduction qui ne doit avoir lieu qu'autant qu'elle est lisible et intelligible à la première vue ; 7° la syncope des syllabes soit médianes, soit finales, ayant la même consonnance, répétées dans un même mot et dont on n'exprimera que la première ; les similaires phonétiques qui suivent ne devant être indiquées que par leur lettre initiale comme dans les mots suivants : *camarade, entendement, divisibilité, invincible, polonais, taureau, bonbon, usure*, qui s'écriront ainsi : *camrd, entdm, divsblt, invcib, Poln, taur, bonb, usr;* 8° et enfin la syncope usitée aussi pour certains mots dans l'écriture ordinaire, comme *application, communication*, etc., qu'on écrira : *aplicon, comunicon.*

Toutes ces différentes abréviations, extrêmement simples, comme on le voit, seront cependant d'un grand secours au praticien sténographe, qui, par leur emploi bien entendu, accélérera d'autant plus la marche de son écriture, qu'il y aura semé de nombreuses abréviations. Inutile de dire que ce qui vient d'être appliqué à quelques mots seulement le sera également à tous ceux qui s'y prêteront facilement et sans ambiguïté.

Je ne vois, je le répète, qu'embarras et confusion à étendre davantage, au moyen de signes parasites, le spécieux système des abréviations qui, plus étendu, ne ferait incontestablement, que fatiguer la mémoire et amener le prompt découragement de ceux qui tentent de se livrer à l'étude de la sténographie. Si, comme je le crois, je suis celui qui, jusqu'à ce jour, s'est le plus approché de ce but, je m'estimerai, par cela même, très-heureux d'avoir pu faire quelque chose d'utile aux hommes studieux en faisant faire un pas de plus à l'art sténographique ; et ma plus douce récompense sera certainement dans le bienveillant accueil qu'auront bien voulu faire à ce petit traité les personnes qui se seront donné la peine de l'étudier.

CHAPITRE IX.

PONCTUATION.

La ponctuation étant indispensable à la lecture pour indiquer les différents repos et les inflexions de voix, il est très-important de la bien observer.

N'ayant vu aucun avantage pour la rapidité graphique de changer la ponctuation usuelle, déjà si simple de sa nature, je la maintiens, sauf quelques modifications fort peu importantes par elles-mêmes, mais qui, cependant, concourent encore à une plus grande célérité : ainsi, la virgule et le point conservent leur même forme respective ; le point-et-virgule et les deux-points étant d'une valeur si peu différente, je n'ai point égard à cette petite nuance, et je les représente tous deux par un seul et même signe composés du point et de la virgule réunis, et pour ne pas confondre ce signe avec la virgule simple, il faut avoir bien soin d'indiquer d'une manière très-apparente le point qui forme comme la tête de la virgule : cette condition essentielle et strictement exécutée établira nettement et suffisamment la différence de valeur entre le point et virgule et la virgule seule.

CHAPITRE X.

CHIFFRES.

Ne voyant pas que l'on pût inventer un système de numération beaucoup plus bref que celui des chiffres arabes usuels, je les ai conservés en me contentant seulement de modifier, selon le tableau portant le n° 29 de la planche, la forme de certains d'entre eux, afin de faciliter leur liaison, condition importante qui fait défaut à leur état normal, et conséquemment d'accélérer d'autant la rapidité de leur sténographie.

Pour faire voir avec quelle facilité et quelle clarté ces signes se combinent et se lient entre eux, j'ai pensé qu'il serait utile de composer et de mettre ici sous les yeux de mes lecteurs le tableau portant le n° 30 de la planche, qui fera comprendre aussi, mieux que toute autre démonstration, avec quelle rapidité on peut, au moyen de ma combinaison numérique, arriver à sténographier les nombres les plus compliqués comme les plus simples.

Par mesure de précaution et pour éviter de confondre ces signes-chiffres avec les autres signes sténographiques, on devra toujours commencer le premier chiffre du nombre qu'on aura à tracer à une hauteur de signe, c'est-à-dire à deux millimètres environ de la ligne d'écriture, c'est aussi par ce motif et pour établir bien clairement cette distinction de position entre ces deux espèces de signes que j'engage ceux qui pratiqueront ma méthode à se servir pour sténographier de papier réglé assez large pour que les monogrammes sténographiques les plus étendus de la ligne supérieure ne puissent empiéter sur la ligne inférieure, ce qui nécessiterait une réglure espacée d'environ dix millimètres.

FIN.

(1050)

Imprimerie administrative de PAUL DUPONT,
rue de Grenelle-Saint-Honoré, 45.

RACINES DES SIGNES STÉNOGRAPHIQUES.

24.

Tableau des Voyelles.

Désignation.	1	2	3	4	5
Voyelles simples usuelles	a	ë i	y	o	u ou
Signes sténographiques déliés		e	)	(	
Voyelles composées ou nasales usuelles	an en	in	on	un
Signes sténographiques renforcés			)	(	

25.

Tableau des Consounes.

Dénominations.	1 Labiales	2 Gutturales	3 Dentales	4 Linguales	5 Nasales	6	7 Sifflantes	8
Consounes usuelles	b, p	c, q	d, t	l, r	m, n		s, x, z	
Prononciation	be, pe	que, gue	de, te	elle, erre	me, ne		se, ze	
Signes simples (déliés)								
Signes simples ou renforcés								

26.

Alphabet.

27.

Tableau des liaisons des Signes Sténographiques.

	a	b	c	d	e	f	g	i	j	k	l	m	n	o	p	q	r	s	t	u	v	x	y	z	ch
a																									
b																									
c																									
d																									
e																									
f																									
g																									
i																									
j																									
k																									
l																									
m																									
n																									
o																									
p																									
q																									
r																									
s																									
t																									
u																									
x																									
y																									
z																									
ch																									

28.

Tableau des Apocopes

Appliqués aux Signes à crochet et à boucle.

		a	i	o	u
(f, v)	Liaison ordinaire des signes				
	Liaison des signes par apocope				
(c, q, z)	Liaison ordinaire des signes				
	Liaison des signes par apocope				
(g, j)	Liaison ordinaire des signes				
	Liaison des signes par apocope				

29.

Chiffres.

30.

Tableau des liaisons des Signes-Chiffres.

	1	2	3	4	5	6	7	8	9	0
1										
2										
3										
4										
5										
6										
7										
8										
9										
0										

www.ingramcontent.com/pod-product-compliance
Ingram Content Group UK Ltd.
Pitfield, Milton Keynes, MK11 3LW, UK
UKHW020059100726
13658UKWH00004B/1850